인연의 열매

대표 노래_QR 핸드폰 클릭하면 노래 감상하기

저자의 말

개교 100주년에 즈하여

저는 이리여자고등학교 31기 졸업생 김인녀입니다.

이리 여자 중, 고등학교 개교 100주년에 즈하여 나의 여중·고 시절의 기억들이 새삼 가슴을 두드립니다. 여중·고 시절에 너무 많은 관심과 받은 사랑이 커서 졸업생의 한 사람으로서 무엇인가 해야겠다는 생각이 떠올랐습니다. 마침 임영옥 총동창회장님께 전화를 드렸더니 쾌히 저의 제안을 받아주셨습니다. 감사한 마음 그지없습니다.

한국전쟁 중 1.4 후퇴 때에 황해도 봉산에서 피난 와서 어찌어찌 이리에 정착하게 되었습니다.
부모님은 이북 평안남도의 대지주로 공산정권에 의해 재산 몰수당하고 타 도시로 추방되어 황해도에 숨어 살았었습니다. 피난 와서는 금패물을 모두 도둑맞는 시련에 여중·고를 쭉 수용소에서 다녔습니다. 미국의 구호물자에 의지하였고 삼시 세끼가 어려워 시래기 죽에 점심은 밀 껍질 개떡으로 연명했습니다. 그것도 없으면 모두 점심 먹는 시간에 밖으로 나돌고 물 한 바가지 먹었었습니다. 그런 시절도 송진섭 교장 선생님과 모든 선생님들의 사랑으로 견디어 왔습니다. 담임 선생님마다 출퇴근 시간에 수용소에 들러 끼니가 있나 염려해 주시곤 했습니다.

지금 생각해도 그런 훌륭하신 선생님들을 만난 것은 하느님의 큰 은혜였던 것 같습니다. 뭐니 뭐니 해도 배고픈 서러움이 가장 목이 메는 아픔이었습니다. 그러나 모든 선생님들의 격려로 쭉 장학금을 받았고, 가정교사를 하며 대학에서도 장학금으로 학업을 마칠 수 있었습니다. 모두 선생님들의 사랑으로 자라고 견디어 온 것으로 믿습니다. 세월은 그저 눈 깜짝하는 사이 벌써 저만치 인생의 끝자락으로 가버렸습니다. 늦었지만 이 자리를 빌려 모든 은사님께 감사 말씀 올립니다.

 대학에서 영문학을 공부했고 졸업 후 본교에서 조교로 몇 년 지냈고 미국과 독일의 한국지사지사장을 역임했고, 그 후 내 회사를 운영했습니다. 그리고 세월이 흘러 모두 접은 후 이제는 80 넘어 시인으로 등단하여 내 인생 희로애락의 편린들을 회상하고 끌어모아 시를 엮었습니다. 그리고 다른 세계에서 꿈을 키우며 행복을 다지고 있습니다. 이런 복을 누리는 것도 모두 은사님들의 깊은 사랑과 배려의 결실로 믿습니다. 이 시집을 부족하지만, 사랑의 은사님들께 바칩니다.

 개교 100주년을 맞는 이리 여중·고 고등학교의 무궁한 발전을 기원하며 수고하시는 임영옥 총 동창회장님과 임원 여러분들의 수고에 고개 숙여 감사 말씀드리고, 동문 여러분들의 건강과 행복을 축원합니다. 감사합니다.

2024년 10월 어느 날   시인 김인녀

목 차

1부. 인연의 열매

010...인연의 열매
011...그대 사랑
012...그리움
013...꽃 정원의 매혹
014...꽃은 말합니다
015...꿈의 꽃
016...나팔꽃 청춘
017...난꽃이 지네
018...홍매화 연정
019...내 사랑의 꽃말
020...달빛 음악회
021...대답 없는 메아리
022...매화의 애가
023...봄 아가씨
024...봄 제라늄
025...봄꿈
026...봄비 온 뒤에
027...봄비가 내린다
028...봄비 오는 날
029...봄을 노래한다
030...봄이다
031...붉은 꽃으로 오는 당신
032...사랑꽃
033...시들지 않는 꽃

2부. 빨간 장미 한 송이

036...빨간 장미 한 송이
037...소나기
038...빗방울 소리
039...빈 새둥지
040...매미가 본다
042...매미와 논다
043...늪에 빠진 파랑새
044...등산가는 날
046...비둘기가 말을 건다
048...빈 그네
049...사랑의 키재기
050...사랑한 한 사람
051...신호등
052...아카시아 꽃 그늘
053...아픈 사랑
054...안개 낀 언덕
055...안개꽃 사랑
056...야위어 가는 희망
057...여명의 신비
058...연서
059...오늘은 선물
060...오뚜기
061...유혹의 숨결
062...일기예보 내 얼굴
063...주인 없는 집
064...장미는 피고 시는 흐른다

3부. 단풍의 연모

068...단풍의 연모
069...임의 음성인가
070...임 그리는 정
072...너의 통곡 소리
073...너를 찾아서
074...내 친구
075...날 울린 한 마디
076...낙엽이 운다
077...나이를 지우다
078...나만 힘들다 말하지 마라
080...나의 바다
081...꿈꾸는 탬버린
082...그대는 불꽃
083...고향길
084...고독의 맛
085...강화도 밤안개
086...갈꾀의 연가
087...갈매기 소망
088...갈대꽃
089...가을의 연민
090...가을의 순정
091...가을에서 봄까지
092...가을장마
093...가을 여인
094...가을 사색
095...가을바람
096...가을날 소묘
097...10월의 눈부신 꽃

4부. 눈오는 날

100...눈오는 날
101...가로등
102...눈이 내리네
103...눈송이
104...눈사람
105...눈
106...눈 위에 누워
107...겨울 여인
108...늦은 저녁 내리는 눈
109...맑은 마음
110...먼 훗날
111...무너진 우정의 다리
112...미운정 고운정
113...불사조
114...삶의 뒤안길에서
115...선풍기
116...성탄절 전야
117...옛 친구
118...자동차 홍수시대
119...전화벨 소리
120...절망에서
121...청산에 살자
122...정동진
124...친구들아 힘내자
125...한파

127...『시해설』잘 분화된 아니무스*animus*
「인연의 열매 제7시집」 유창근(문학평론가. 문학박사)

1부. 인연의 열매

그대와 사막 같은 뜰에 심은
모래알 같은 인연의 씨앗을
많은 인내와 애정으로 북돋아 주었네

                                   인연의 열매 중

인연의 열매

대표곡 노래

그물 같은 인연의 끈이 세상을
촘촘히 엮어 벽돌 쌓아 올리며
넓고 높은 성벽을 이루듯

그대와 사막 같은 뜰에 심은
모래알 같은 인연의 씨앗을
많은 인내와 애정으로 북돋아 주었네

때로는 원치 않는 잡초들이
바다 어귀를 덮어 힘들고
심히 몰아치는 풍랑에 멀미도 했지만

아롱다롱 꽃봉오리 웃음소리에
향기롭고 달콤한 결실이 영원한
사랑 되어 인연의 열매가 익는다

그대 사랑

무료한 봄날에 그대가
꺾어 준 꽃은 그저 꽃이 아니라
그대의 붉은 관심이었습니다

찌는 듯 태양이 쏟아질 때
펼쳐 준 양산은 빛가리개가 아니고
그대의 뜨거운 열정이었습니다

땀을 식혀 주는 그대 그림자는
그냥 그림자가 아니라 사랑을
말해주는 그대 몸짓이었습니다

한겨울 꽁꽁 언 내 손을 잡아 준 것은
그대 손이 아니라 그대 심장에서
분출하는 뜨거운 사랑이었습니다

김인녀

그리움

바람이 불어옵니다
창문을 두드립니다
당신인가 귀가 쫑긋 기웁니다

비가 옵니다
유리창 위를 방울방울 흐릅니다
당신의 눈물인가 눈이 번쩍 뜨입니다

꽃이 활짝 핍니다
많은 고운 생각이 꽃처럼 핍니다
당신의 안부인가 가슴 설렙니다

바람 불고 비가 오고 꽃이 펴도
모두 당신을 향한 그리움입니다

꽃 정원의 매혹

어제 하루 종일 비가 내리고
오늘 아침 황금 화살 같은 햇살이
맑고 빛나게 화원의 심장을 뒤흔든다

푸른 하늘에 구름 한 점 없이
살랑살랑 바람도 불어와
초목이 싱그럽게 계절의
푸른 사랑을 노래한다

활짝 핀 장미들의 웃음과 교태
갖가지 꽃들의 미소가 번지고
벌 나비와 꽃의 유희가
무르익는다

프랑스의 꽃 아이리스 꽃무리
흰색 보라색 천상에서 내려온 듯
나르는 천사들의 이야기를
질펀하게 풀어 놓는다

삼색 꽃버들 꽃범꼬리 명지꽃
형형색색의 꽃들의 속삭임이
들 가득하고 꽃덤불 사랑에
파도를 탄다

김인녀

꽃은 말합니다

꽃은 피었습니다
겨울 골짜기에 폭설로 얼어도
사나운 짐승이 뿌리를 헤집어도
도랑물 마르고 갈증이 엄습해도
슬픈 눈망울이 환희의 꽃망울로
새봄에 초록 새싹 틔우려는
굳은 믿음과 신뢰 그리고 인내로
찬란한 이 봄꽃을 피웠다고
꽃은 말합니다
꽃은 더 아름다워야 한다고

꽃은 피었습니다
인생도 그러하거늘
하늘의 먹구름이 몰려와도
폭풍이 가로수를 후려쳐도
눈보라가 맨살을 할퀴어도
목이 마르고 배가 고파도
눈물 젖은 가슴이 희망의 패기로
봄은 다시 오리니 참아야 한다고
꽃은 말합니다
꿈의 정상은 눈부실거라고

꿈의 꽃

잊은 듯 잊혀지지 않는 그대 생각
아픔을 미소로 색칠한다
무심한 순간 속에 눈물을
뜨겁게 삼키며 두레박질을 한다
길어 올린 차가운 고독으로
고통이 아플수록 강한 채찍이다
차곡차곡 쌓은 고뇌로 벙그는
꿈의 꽃은 화사하고 눈부시다
뭉게구름 푸른 하늘 잊은 채
먼 고개 무심히 넘고 넘어가도
변함이 없는 꽃
꿈의 꽃이다

김인녀

나팔꽃 청춘

낡은 울타리에 나팔꽃 줄기가
봄물에 싱싱 위로 위로 오르더니
꽃망울 얼굴을 수줍게 고개 든다

간밤에 별들이 노닐던 자리
아침 이슬이 구슬되어 구르니
반짝반짝 아름답게 빛난다

자줏빛 파랑빛 입술 웃음꽃 피고
보고 싶었노라 그리웠노라
사랑의 노래가 울타리를 넘는다

오후 한참 나절인데 고개 숙인 그대
지듯 구름에 달가는 찰나에
꽃같던 내 청춘도 사라져 갔네

난꽃이 지네

흰빛인 듯 보랏빛인 듯
양란 꽃들이 구름처럼 피어
내게 사랑의 눈빛으로
용기와 정을 돋워 삶에 희열을 주었는데

눈을 맞추고 매혹적인 숨소리에
흥겹고 보람찬 몸짓에 해가 지고
이젠 애절한 눈물의 이별 전하는
꽃잎들 애달프고 아프다

바람 따라 푸른 내 젊음도 가고
팔팔하던 육신이 길을 잃고
휘청이니 영혼이 벼랑에 떨어져
쇠잔하고 몽롱해지는데

어이할꼬 가버리는 청춘의 꽃잎들
그대 가고 나면 누가 있어
쓰라린 이 마음의 허전한
하소연 들어 주고 외로움 달래줄까

김인녀

홍매화 연정

계절을 거스르는 찬바람에
살갗이 갈라지고 온몸 굳어져도
그대 오는 날의
뜨거운 염원을 끌어안고

아픈 울음소리 속으로 삼키고
곱게 피어날 그날을 위해서
차곡차곡 가슴 깊이
정을 싹틔운다

휘고 마른 가지에
맑고 흰 눈이 내려 쌓인
투명한 계단을 사뿐히 밟고 오실
님을 향해 기도하는 맘으로

그리운임 그리며 찬란한 이 봄
백설 같은 눈 속에서 핏빛같이
진한 사랑의 꽃을 벙글고
붉고 짙은 향기에 휘청이노니

내 사랑의 꽃말

빨간 장미는 불타는 사랑
흰 장미는 순결한 사랑
보라 장미는 불안한 사랑
파란 장미는 이룰 수 없는 사랑이다

레인보우 장미는
사랑의 꿈은 이루어진다
빨간 장미와 노란 장미는
함께 행복한 사랑이다

내 사랑 흑장미
당신은
영원히
나의 것입니다

김인녀

달빛 음악회

근처 숲속에 숨었던 둥근 달이
뜨락 정원 소나무 위에 올라
솔잎 초록 사이로 푸른 달빛
이야기 조잘조잘 읊는다

무대에 피아니스트가 나오니
먼저 내려와 달빛 소나타를 치고
성악가가 소리 높여 노래 부르니
연정의 눈빛 꽃 같은 미소 날린다

같이 가자고 말을 걸어오며
집에 오는 차 뒤를 내내 따라온다
창틀 위에 걸터앉아 빈 밤하늘에
아름다운 쇼팽의 녹턴을 울린다

자장가인 듯 깜박 잠을 자고 나니
밤새 따라온 달은 보이지 않고
간밤에 울리던 달빛 소나타만
가슴에 강물처럼 끝없이 흐른다

대답 없는 메아리

애절한 사랑을 심어 놓고
매정하게 말없이 떠나간지
산천은 구름 따라 몇몇 번 바뀌고
세월은 몇몇 해 시간의 유희에
물결처럼 흘러갔던가

꽃이 피면 사랑꽃이 벙근다고
비가 오면 비가 내린다고
눈이 오면 눈이 날린다고
시시때때 구구절절 사랑편지를
바람결에 실어 보냈건만

그대는 어디에서 뭣을 하는지
애타는 마음 가이없고
별은 총총 한밤을 빛나건만
처량한 바람 간절한 그리움으로
눈물짓고 긴긴밤을 지샙니다

김인녀

매화의 애가

차갑고 매운 산바람을 맞으며
외로운 길 산모퉁이를 돌아
지친 그대는 마른 가지 끝에
매달려 발버둥을 친다

해는 저물고 어둠은 산천초목을 삼키고
산새도 숨어버린 적막한 산언덕에
흰 눈은 속절없이 쏟아져
갈 길이 아득다

불러봐도 들리는 것은 산울림뿐
이 밤 흰 눈을 이불 삼아 누우니
흔들리는 나뭇가지의 하소연만
애처롭다

햇님이 가여워 끌어안고
입을 맞춘다 수줍은 홍조가 번지고
기쁨과 안도의 눈물이 주르륵
향기로운 미소가 봄으로 벙근다

봄 아가씨

님 맞으려고 버선발로 뛰어나와
먼 데서 온 님을 끌어안는데
미소가 분홍빛 물들고
봄바람에 치맛자락이 나부낀다

빈 하늘에 검은 구름이 덮이더니
천상의 잔치가 벌어지는가
눈발이 꽃잎처럼 어깨 위에
내려앉으니 신부같다

갑자기 엉기는 꽃샘추위에
표정이 푸르게 오므라들었지만
님의 포옹으로 얼굴이 홍조 일고
가슴에 분홍빛 봄꽃이 피어난다

김인녀

봄 제라늄

화사한 햇살 포근한 보료에 누워
향긋한 봄 향기 맘껏 마시고
붉은 꽃잎 봄을 토해낸다

문틈으로 소리 없이 비집고 오는
봄바람에 취해 하늘하늘
치맛자락 날리며 교태를 부린다

간밤에 내린 별들이 잠에 취해
남긴 조각들이 잎새에 뒹굴고
더러는 아직 봄 꿈에 몽롱하다

송이송이 예쁜 얼굴을 내밀고
몽실몽실 방긋방긋 환하게
뽐내기 한창 봄이 무르익는다

봄꿈

꽁꽁 얼어붙었던 강물이 녹아
여울지고 봄노래 하늘에 차니
해그림자도 첨벙
강물에 묵은 먼지를 씻는다

메마른 나뭇가지 가지마다
물이 올라 파릇한 생명이 돋고
분홍 드레스 입고 꽃바다를 이뤄
꽃축제에 왈츠를 춘다

겨울보다 더 춥고 굳게 **잠갔던**
우리네 마음에도 봄소식 오니
종달새 날고 벚꽃 흐드러지는
봄꿈이 가슴 속 따습게 펼쳐진다.

김인녀

봄비 온 뒤에

억수같이 종일 비가 창을 때리고
뚝방에 만개한 벚꽃이 찬비로 무너져
무참한 바다를 건넌다

빗물에 씻긴 햇살이 말간 화살을 날리고
새싹들이 파릇파릇 밝게 웃으며
서로 다투어 쑥쑥 자란다

언덕배기 철쭉 꽃덤불 빨강 열정
박태기 꽃무더기 몽실몽실 튀고
꽃내음 풀내음 봄향기 물씬 흐른다

하늘이 빗물에 씻겨 투명한 듯
에메랄드빛이고 살랑 하늬바람
정다운 님 찾아 흰구름 둥실 떠간다

봄비가 내린다

하늘이 검은 구름으로 덮여
태양을 가리고 세상이 어둡더니
첫새벽부터 굵은 비가 내린다

창문을 두드리는 빗소리가
엄청난 비를 말하듯 창틀에
빗방울 방울방울 눈물짓는다

꽃구름 이루던 활짝 핀 벚꽃이
쏟아지는 비에 젖어 축 늘어지고
찬바람에 파르르 떨며 흩날린다

꽃신 신고 오시던 우리 고운님
옷자락 배려 더디실까 저어하고
꽃봉오리 빗속에 숨바꼭질한다

김인녀

봄비 오는 날

긴 겨울 가뭄에 갈라진
밭고랑을 촉촉이 적셔 주니
봄 입김이 모락모락 피어오르고

마른 가지 봄비에 온몸을 내어 주고
연둣빛 물기가 추파를 던져
쏙 오른 꽃입술이 봄을 마신다

봄은 그렇게 꽃이 피고 지듯 오고
또 가고 푸른 청춘의 고운 날도
꿈결같이 멀리 떠나갔다

텅 빈 집에 홀로 공허한 벽만 보며
세월의 먼지 낀 갈피를 넘기고
옛일을 반추하니 가슴이 젖는다

봄을 노래한다

황금빛 햇살 타고 봄소식이
뚝방에 얼었던 잔디를 깨우고
풀씨가 거적을 들추고 빠끔히
햇살을 마신다

봄이 왔다고 강물이 재잘재잘
기슭에 움츠렸던 물오리떼 꽥꽥
추위에 쫓겨갔던 흰물새 짝지어
물위를 유유히 미끄러진다

눈 속의 매화 새싹 뾰족뾰족
섬가의 동백은 꽃망울 붉게
섬진강의 벚꽃 잔치 준비에
해지는 줄 모른다

우리네 살림 가난에 힘겨워도
봄 아지랑이 아롱질 적에
희망의 씨앗을 마음의 뜰에
아롱아롱 뿌리며 봄노래 부른다

김인녀

봄이다

봄기운이 완연한 아침에
창문을 여니 따스한 햇살이
파고들어 언 가슴을 녹인다

한 가닥 한 묶음 끌어모아
황금빛 햇살 울타리를 엮어
사랑하는 님과 행복할 꿈을 꾼다

잠자리 날개처럼 곱고 투명하게
행복의 꽃은 푸른 창공을
수놓고 사랑의 꽃바다 찰랑인다

폭우에도 향기롭고 젖지 않는
사랑을 잉태하고 아름답게
꽃피우는 찬란한 봄이다

붉은 꽃으로 오는 당신

추운 칼바람에 몸은 얼어붙고
마음은 처연히 외로움에 우는데
당신의 휘파람 소리에
빈 창문이 흔들린다

앙상하던 숲속에 잠자던 산새가
붉은 연정 물고 와 초록빛
그리움을 토하고 풀꽃들은
망울망울 수줍게 햇님과 희롱한다

먼 산 모퉁이에 흰 눈 무더기가
햇살에 반짝이고 골짜기에
얼음 녹은 계곡 물 소리 청량한
당신의 목소리에 가슴이 설렌다

향기로운 꽃향기 타고 당신이
날아와 삭막하던 내 뜰에
따사로운 봄꽃을 펼치고
내 가슴에 붉은 사랑꽃이 피었네

김인녀

사랑꽃

봄꽃 향기가 겨울잠을 깨우고
물오른 초록의 새싹들이
빠끔히 실눈을 뜬다

움츠렸던 베란다의 화분들이
꽃망울로 봄맞이하려
다투어 자태를 뽐낸다

사군자에 드는 정절의 매화며
수줍게 봄을 물들이는 진달래며
모두 곱고 향기롭다 하지만

많은 꽃 중에 가장 아름다운 꽃
함박웃음으로 기쁨 주고 환히 밝히는
집안에 벙근 향긋한 사랑꽃이다

시들지 않는 꽃

현대백화점 입구에 얼마 전
꽃집이 문을 열어 가지가지
꽃이 활짝 웃으며 반긴다

아침이면 새꽃들 향기 물씬 안고
꽃집 아가씨는 꽃보다 더 곱게
이꽃 저꽃 꽃이야기를 묶는다

시들은 꽃은 슬며시 빠지고
새로운 이야기는 매일 다른 꽃으로
시작해야 하는 꽃집이다

그 많은 꽃 중에 항상 있는
시들지 않는 꽃 속에 웃음꽃 피우는 꽃
활달한 꽃집 아가씨꽃이다

김인녀

2부. 빨간 장미 한 송이

눈도 못 맞추고 달아난 꽃봉오리는
피우지도 못한 채 푸른 하늘을 이고
옛사랑을 지금도 더듬을까

빨간 장미 한 송이 중

빨간 장미 한 송이

겨울잠을 깬 삭막하던 장미화원이
봄비에 흠뻑 젖고 반짝이는 꽃잎이
미풍에 떨며 사랑을 읊는다

빛바랜 사진처럼 퇴색된 기억 속에
불타는 사랑 빨간 장미 한 송이 건넨 볼이
붉게 물든 소년이 있다

눈도 못 맞추고 달아난 꽃봉오리는
피우지도 못한 채 푸른 하늘을 이고
옛사랑을 지금도 더듬을까

연인들의 풋풋한 사랑이 붉게 익는
장미향 짙어질 때 내 가슴에도 아직
빨간 장미 한 송이 어른거린다

소나기

날이 맑을 듯해 동산에 오르니
동녘에 밝아 오는 해가 구름에
가리고 초여름 더위가 기승이다

갑자기 쫘 비가 쏟아진다
나뭇잎들의 흐느끼는 소리에
실개천 물소리가 흔들리지만

청량한 빗소리에 귀가 씻기고
구름 낀 마음 기슭에 낀 먼지도
빗줄기에 맑게 헹궈진다

소나기에 하늘은 더 높푸르고
고운 새소리 바람 소리 청아하니
심신도 아침 이슬처럼 상쾌하다.

김인녀

빗방울 소리

갓 피어난 초록의 새싹 아가들
빗방울 소리에 놀라 배시시
눈을 뜨고 실눈으로 세상을 본다

후두득 후두득 창문을 두드리니
뒤척이던 잠에서 부스스 일어나
기다리는 님이신가 문을 연다

밤새 허공을 헤매던 새벽 단잠도
검푸른 먹구름이 푸른 하늘 덮고
빗방울 소리 아침 고요를 삼킨다

산천초목이 합창을 하고 장미가
빗방울 소리에 춤추듯 그리움이
사랑의 메아리로 파문이 인다

빈 새둥지

여명을 부수는 어미새 날갯짓에
아침의 고요가 부서지고
새들 울음소리에 맑은 새날이
환히 문을 연다

먹이 찾는 눈도 못 뜬 새끼 새들
허공을 향해 고개 쳐들고 햇빛을
쪼아댈 때 어미새 횡 날아오면
새끼들 방긋방긋 사랑을 탐한다

어미새는 물어 온 먹이를 나누어
골고루 사랑을 듬뿍 먹이면
새끼들끼리 몸쌈도 격렬하지만
무럭무럭 자라 날갯짓 퍼득인다

새끼들 모두 날개에 힘이 붙고
둥지를 날아올라 훨훨 날아가니
새끼들 울음 창공에 가득하고
어미새는 흐뭇한 미소 행복이다

새끼들의 울음 들리지 않고
어미새 그림자만 외롭게 누우니
빈 새둥지 언저리 허물어지고
처량만 갈바람에 흩날린다

김인녀

매미가 본다

작년 한여름에는 뒷베란다
그물망 창틀에 매미가 매달려
하룻밤 꿈꾸며 자고 날아갔다
이 여름은 앞베란다
그물망 창틀에 매달려 거실을 마주보고
먼 매미 소리에 회신 사랑 날린다

여기 창틀에서 거실을 보니
한 할매 어르신 혼자
식탁을 차려 드신다
냉동실에 있던 언 케익 한 조각을
마이크로웨브에 후식으로 드실 양
돌리는데 깜박했나 한참 만에
연기가 피어 오른다
불이 난 듯이 온 집안이 연기 자욱
후식은 검정 숯덩이 됐네
에어컨을 끄고 앞뒤 창문을 열고
선풍기로 환기를 서둔다
몇 시간이 지났는데도 온통
연기가 배어 가시지를 않는지
고개를 갸우뚱 킁킁거린다

레인지에 유리 접시가 검게 타고
숯덩이 케일 조각 물에 담가놓고
탄내가 밴 레인지 내부를
오랜만에 대청소한다
후식은 허망하게 사라지고
먹는 둥 마는 둥 할매 저녁은 가고
매미는 재미있다는 듯
아직 미동도 없이 바라만 보고 있다

김인녀

매미와 놀다

어제 온 매미 아침 햇살 버거운지
실 같은 검은 발이 오물오물 기고
창끝에 가서 제 그림자를 만나
은은한 미소를 그늘 속에 날린다

멀리서 매미 울음소리 들려오니
한쪽 날개만을 파르르 떨며
교신을 하는 듯한데 상처 난
다른 날개에 안타까운 마음 애잔하다

괜찮다는 듯이 한쪽 날개로만
떨며 노래하고 트위스트 춤추니
매미의 노래와 춤에 삼매경이다
여름은 길어도 외롭지 않으리라

늪에 빠진 파랑새

원초적 역경을 견뎌야 할 파랑새
예언의 숙명을 비켜 갈 수 없는지
예기치 못하게 큰 늪에 빠져
한쪽 쭉지를 다치고 난 후에

엉치 골반이 수초에 엉키고
꺾인 나뭇가지에 깊이 찔려
파랑새는 고통의 늪에 갇혀서
허우적 괴로워한다

파랑새는 쓰러져 기가 꺾이고
응급상황이 몇 차례 지나도
소리는 아직 살아 있는 듯하나
점점 몸은 야위고 파리하지만

고운 미소 뜨거운 연민의 정으로
아픈 울타리 넘는 단단한 투지로
석양이 지기 전에 파랑새 노래는
청량하게 창공에 울려 퍼지리라

김인녀

등산가는 날

햇빛이 폭포처럼 쏟아진다
타오르는 삶의 향기가 번져간다
정상의 풍광이 유혹처럼 빛나는
손을 내민다

마음을 가다듬고 운동화 끈을
조이고 첫발을 내딛는데
5월의 기상 비온 뒤의 상쾌함이
짙푸르고 따뜻하다

쭉쭉 뻗은 메타스콰이어 길 지나
천년초 만년초 꽃 다리 건너
정돈된 강변의 산책로는
첫사랑같이 첨 길인데 정겹다

많은 바이커들이 강변을 누비고
떠날 때 팬데믹 시정에 맞도록
팀팀들이 두세 시간 행군 후 완주
힘겹게 이른다

요염한 넝쿨장미 붉은 사열 앞에
감자꽃 하얀 웃음소리 흥겹고
향긋한 깻잎 싱싱한 상추 마늘 파
고추 모종 농원의 합창 풋풋하다

따끈따끈한 두부에 묵은 김치
방금 뜯은 상추 깻잎이 숨 쉬고
숯불에 갓 구운 꽃등심으로
꽃피는 행복 이야기가 풍성하다

김인녀

비둘기가 말을 건다

봄꽃이 모두 지고 냇가에
모두 베어 엎은 꽃밭은
황량하고 처량한데
떨어진 꽃씨를 쪼으려
비둘기 떼가 구름처럼 몰려와
꽃밭을 헤집고 사람이 지나도
모른 채 구구한다

진회색에 초록 빨강 파랑
간간이 박힌 목덜미가
내 실크 원피스색 같지만
비둘기가 특별히 좋은 건 아니다
강변을 걷고 더운 날씨에 지쳐
그늘막에 앉아 있는데
따라온 비둘기 한 마리가 말을 건다

햇빛이 폭포처럼 쏟아지는데
내 운동화 앞코를 쪼고 윙크하며
내 눈을 올려다본다
사랑하는 여자 친구가
왠지 토라져 옆에만 가면
날아가버리고 말도 못걸게 한다며
까마귀와 데이트를 한다

상실감과 외로움에 빠져
밤잠을 못자고 날밤을 샌다고
눈물로 말한다

횅 날아갔다
다시 와 알아달라는 듯이
애원하듯이 앞에 엎드려서
고개를 주억거린다
어쩌지

김인녀

빈 그네

놀이터에 빈 그네
왔다 갔다
바람이 타고 있네

잠자리 형제 날아와
형님 먼저 아우 먼저
사이좋게 놀다 가네

햇님이
사랑 안고 내려왔네
뙤약볕에 빈 그네

사랑의 키재기

해는 어둠을 사르고 뜨거운
황금 화살로 지구를 우주를
사랑을 잉태하고 열정의 꽃을 키운다

달은 한밤을 은빛 물결 날려
감성적 분위기로 생명의 근원
눈물 어린 사랑꽃 피운다

인간사 남녀가 그러하거늘
남자가 있어 사랑이 발원되고
여자가 있어 세상을 만나고 사랑을 성숙시킨다

둘은 상호 보완하고 지구와
우주를 살리고 응원하는 사랑이
평행선상에 달리는 것을
누가 사랑의 높낮음을 논하랴

김인녀

사랑한 한 사람

내가 사랑한 한 사람
그대는 왜 떠나려 하시나요
이 화창하고 아름다운 날에

그대는 아시지요
내 일생에 온 마음 바쳐
그대만 사랑했다는 것을

이제 그대 떠나가시면
나는 무엇을 할 수 있을까요
하늘의 구름도 눈물짓는데

내가 사랑한 한 사람
내 마음도 보내오니 곧
돌아오시길 고개 숙여 비옵니다

신호등

비가 오나
눈이 오나
신호등은 일정 간격으로
신호가 바뀐다

직진 신호
멈춤 신호
좌회전 신호
유턴 신호가 있지만

내 인생에
신호등은
태풍이 와도 오직
직진 신호뿐이다

김인녀

아카시아 꽃그늘

계절은 어김없이 찾아와서
산천은 푸르고 강물은 맑으며
종달새는 높이 하늘을 노래한다

아카시아 꽃 만발 향기 번지는
아카시아 꽃그늘 그 아래 수려한
그님이 그립다

흰 꽃송이 꽃잎 너 하나 나 하나
순수한 마음이 꽃피던 그 날의
꽃그늘 아래 그님이 보고 싶다

세월이 하 수상해 달려가니
그님 떠난지 가물가물해도
내 사랑은 늘 목이 메인다

아픈 사랑

사랑하는 사람들을 위해
새벽부터 일터를 향해 달리고
고달픔을 낙인 양 사랑은 힘겹다

뼈를 깎는 희생도 빛을 잃은 채
삶의 무게에 짓눌려 누렇게 떠도
허한 가슴 사랑이 모자라 운다

주어도 주어도 받아도 받아도
모자라고 부족하고 아쉬운 사랑
사랑은 지치고 병들고 아프다

아프지 않은 사랑 어디 있으랴만
마음의 병 육신의 고통 있어도
사랑이 있어 행복하다 하리

김인녀

안개 낀 언덕

하얀 장막이 앞을 가리고
산 언덕이 보일 듯 말 듯
모퉁이를 돌아가는 너의 모습이
희미하다

먼 달 언덕 숨은 골짜기에
태고의 신비가 있듯
안개 뒷마당에 푸른 숲이
숨어 있다

짠 너는 오리라
빛나는 햇살 등지게에 짊어지고
내 가슴에 승리의 환희를
부어 주리라

안개 사이로 들리는 발자국 소리
굳은 결의에 찬 밝은 너의 숨소리
푸른 희망의 물결이 파도처럼 밀려온다

안개꽃 사랑

멀리서 안개처럼 달려오는 그대
끌어안으면 부서질세라
혼신을 다 바친 눈물 어린
사랑이어라

눈을 감으면 어느새 내 품에 안겨
보고 싶었노라 울부짖는 그대
영원히 끊을 수 없는 열정 품은
사랑이어라

손을 뻗으면 달아나고
잡았노라 눈을 뜨면 그대 향기
흠뻑 취해 미혹에 빠진
사랑이어라

안개 속에 잡을 수 없는 그대
깨지 말고 어둔 밤 별빛처럼
변함없이 빛나는 눈부신
사랑이어라

김인녀

야위어 가는 희망

그대는 통통하고 푸른 치맛자락 휘날리며
길이 좁다 뛰던 시절이 강물처럼 소리 없이
흘러 이제는 너무 멀리 왔다

아담한 집에서 배부르게 먹고
외국 유학하고 세계 일주의 꿈을 품었던
학창시절의 희망은 바람처럼 날아갔다

토끼 같은 아가들과 사랑하는 이 함께
따뜻한 햇살이 넘치는 꽃동산의 소망도
한낱 여름날의 꿈으로 아득히 멀어져 갔다

이제는 시름에 볼품없이 야위고
그대 꿈은커녕 질긴 세월의
밧줄에 매달린 나그네가
그저 숨만 가쁘다

여명의 신비

그대는 소리 없이 조용히 솟는다
밤의 검은 어둠을 사르고 나와
잠든 바다 위에 붉게 입 맞춘다

장엄한 나무들을 끌어안는다
잎 사이사이 헤매던 꿈을 비추고
바람도 새벽빛에 부스스 인다

그대 있는 곳에 영롱한 빛이 있다
잠자던 대지도 눈을 뜨고 여미고
냇물도 졸졸 기지개 켜고 흐른다

눈 비비는 참새도 환희의 노래다
광명의 빛이 활짝 나래를 펴고
오늘이 푸른 희망을 잉태한다

김인녀

연서

먼 곳에 있는 그대의 얼굴이
바로 앞에 있는 듯이
봄 햇살 타고 방긋이 웃고

그대 다정한 목소리 바람에 실려
사랑한다고 청량하게
귓가를 울린다

붉은 장미가 봄 언덕에
가득 피어나듯이 사랑꽃이
벙글어 그 향기 붉게 날리고

그대 아름답고 애절한 연정에
회색빛 구름 흐르던 가슴에
핑크빛 꽃물이 든다

오늘은 선물

환하게 빛나는 태양을 마주하니
풍선처럼 가슴이 부풀어 오르는
기쁨이 넘치는 봄 아침입니다

음울한 근심 걱정은 지난밤
거리의 가로등이 사라지듯
삼켜버리고 꽃피는 새날입니다

매일 찾아 헤매던 내 사랑이
오늘 아침 꽃 속에 숨어
고운 미소로 예쁘게 반깁니다

한참 오랜 친구에 안부 전하며
바쁜 수레바퀴 속에 전력 달리는
보석들로 오늘은 선물입니다

김인녀

오뚜기

오뚜기 인형이 반쯤 열린 창문을
비집고 들어오는 아침 바람에
끊임없이 흔들린다

예기치 않은 센 충격에 넘어져도
잊은 듯 매무새를 단정히 하고
그 자리에서 웃으며 춤을 춘다

삶이 어렵고 힘들게 꼬이고
사랑이 멀어져 어려움에 처해
바닥까지 떨어져 간다 해도

구겨진 치맛자락을 손다림하며
창공을 나르는 새처럼 사랑 향해
눈썹을 휘날리며 달려간다

유혹의 숨결

남풍이 불어 봄꽃이 피었다
아름답고 향기롭다
나무들이 초록 새싹 눈을 뜬다

햇빛은 찬란하고 하늘은 높다
초록의 향연이 부른다
나비도 짝을 지어 사랑꽃 피운다

바람이 불어 꽃이 흔들린다
짙은 꽃향기 피할 수 없다
허접한 내 코도 간지럽다

너도나도 가슴이 울렁인다
봄 향기에 취해 어지럽다
세파에 삭았어도 마음은 아 붉다

김인녀

일기예보 내 얼굴

바람 없는 날에 호수가 잔잔하듯
평상시에 무표정한 내 얼굴

즐거운 일이나 기쁜 일이 있으면
만면에 웃음꽃 피는 내 얼굴

슬픈 일이 있는 날에는 당장
울음이 터질 듯 울상인 내 얼굴

비가 올라치면 팔다리가 쑤시고
우거지상 일기예보 내 얼굴

주인 없는 집

허우대가 아직 멀쩡한 집
부엌 나무 문짝 돌쩌귀가 빠져
기울어지고 갈라진 부뚜막에
애들아 일어나 밥 먹어라
엄마 소리 울린다

아침 안개 자욱한 새벽녘에
아버지 마른기침 소리에
장닭이 꼬끼오 홰를 치고
토방에 강아지 놀래 깽깽
흙벽에 숨어 있다

수취인 없는 편지 몇 통도
세금 고지서 누렇게 병든 얼굴로
문 떨어진 우체통에서
세월아 가거라 낮이 밤인 양
낮잠에 취해 있다

김인녀

장미는 피고 시는 흐른다

장미는 지난가을 죽은 듯
꽃은 지고 잎은 바삭바삭 말라
엄동설한 추위에 뿌리가 얼을라
울타리를 꽁꽁 치고

이 봄 해빙이 되자 아침저녁
물 주고 김매고 복토하고 거름주니
빨강꽃 노랑꽃 하얀꽃 보기도
아름답고 향기 그윽해 환호한다

메말라 가는 감성에 절망하고 주눅들어
의욕이 가물가물 나이 따라 가도 눈을 크게 뜨고
선인의 작품들 읽고 심호흡 음미하며

삶의 자국들을 뒤적이고
김을 매듯
물을 주듯
복토 하듯
거름 주듯
기를 쓰며

언젠가 장미꽃같이
한 송이 아름답고 향기로운
시꽃을 피우도록 물 흐르듯이
시를 따라 흐른다

김인녀

3부. 단풍의 연모

세월은 쉬지않고 무심하고
참사랑은 이해이고 배려이고
희생이라는 것을 가슴은 느낀다

단풍의 연모 중

단풍의 연모

젊은 날의 사랑은 풋사랑이라
깊은 뜻을 모른 채 바쁜 나날에 가려
그저 추억 속으로 흐른다

세월은 쉬지 않고 무심하고
참사랑은 이해이고 배려이고
희생이라는 것을 가슴은 느낀다

흘러간 시간을 돌이킬 수 없고
아쉽고 안타까운 내 인생에도
단풍이 물들어 익어간다

그대 향한 사랑이 붉고 뜨겁게 타고
연모의 정이 그리움 되어
회오리처럼 몸부림친다

임의 음성인가

비가 온 후 가을 햇살은
찬란하게
아름답게
그리움처럼 폭포를 이룬다

황금빛 햇살 사이로
가을을 재촉하는
투명 날갯짓
바람 사르르 잠자리처럼 난다

한 잎 두 잎 떨어진
낙엽이
바삭바삭
뒤척이는 소리 가슴 설렌다

아
님의 음성인가
보고 싶은
그리운 임이여

김인녀

임 그리는 정

오랜만에 야외 카페에 앉으니
루드베키아 꽃잎
초가을 숨결이 노랗게 흔들린다

쓰러져 수십여년을 몸져 누어
밤낮
앉히고
눕히고
씻기고
입히고
힘겨운 한 세월이었으련만

그대 병 간호로 야윈 친구
애썼노라는 말에 아쉬움 남고
못다 한 것이 아직 많다네
이젠
할 일이 없어 한이고
그님 덕에 그동안
살았노라

여름 끝자락
밤 이불깃에 이는
솔바람에도 발이 시리고
등줄기가 서늘해
밤잠을 설친다

서린 깊은 정을 뉘라서 알리요
아픈 세월에 서러운 정 기쁜 정에
임 그리는 정이 봉우리 봉우리 망울져 울린다

한바탕
눈물을 쏟는다
할퀸 가슴 부여안고
눈물 바다에 빠져
허우적인다

한눈에 들어오는 북악산에
솟은 바위가 홀로 외롭고
두둥실 흐르는 흰구름 떼가
비갠 뒤 맑고 푸른 하늘가를
말없이 유유히 스쳐간다

김인녀

너의 통곡 소리

젊디젊은 날에 고운 님 선산에
안장 갈갈이 찢긴 가슴으로
보석들 재롱으로 살아왔건만

꽃같은 딸 잃은 지 어제 같은데
둘째 아들까지 오늘 여의었다니
위로할 말 숨이 막힌다

아픈 그림자는 지나가리니
유복한 유년 시절처럼 내일의
태양 밝게 비추고 희망은 있나니

애달픈 마음 액운으로 잊고
넋 잃지 말고 정신을 다 잡아라
너의 통곡 소리 가슴을 에인다

너를 찾아서

무성한 숲은 온갖 산짐승 품고
새들이 깃들 듯 초록바다에 기대
조용한 듯 힘있는 침묵 속에
생각의 깊은 심연에 잠긴다

오동나무 보랏빛 꽃그늘에 누워
푸른 하늘 이야기에 취하고
황금빛 햇살에 물든 물빛을 지나
환상적인 환영의 호수에 빠진다

마음을 내려놓은 채 넋을 잃은 듯
상상의 바다 끝없는 질주로
잡힐 듯 잡기 힘든 너를 찾아서
푸른 바다 넘실대는 파도를 탄다

김인녀

내 친구

너는 정말 열심히 살았지
삶의 일선에서 전투하듯이
눈빛 속에 말 속에
몸짓이 속살거리네

어려운 일이 닥쳐도
꿋꿋했지 유머로 재치로
진한 농담으로 감정이 굳은
우리를 즐겁게 했지

너는 우리에게 기쁨을 줬지
생활에 속고 사랑에 지치고
이웃에 실망할 때 정으로
재담으로 개그로 웃음꽃을 피웠지

사막과 같은 인생길에
마음을 달래 주고 웃음 주는
너는 사막의 장미
우리의 오아시스다

사랑해

날 울린 한 마디

추적추적 비 내리는 소리에
잠을 깨 보니 많이 늦잠을 잤고
먹칠한 듯 날씨가 음울하다

아침에 만난 울엄마라는 시가
그리 가슴을 아프게 찌르니
뜨거운 눈물이 가슴을 적신다

나이 들었어도 여물지 못해선가
울엄마 한 마디에 까만 글씨가
뿌연 유리창에 혼란케 흔들린다

울엄마 떠나시던 날 오늘처럼
노란 은행나무가 퇴색한 얼굴로
세월을 읊기에 더욱 울컥한다

김인녀

낙엽이 운다

무더위를 식혀 주던 느티나무
청청 푸른잎이 우수수 벌써
떨어져 발길을 막는다

하 빨리 나르는 세월 무심히
떠나는 느티나뭇잎들 올 봄을
기약한들 같은 잎일소냐

옷깃을 스미는 서리 낀 바람에
휘둘리는 낙엽들이 길 모퉁에서
흐느껴운다

사랑의 꿈은 거품처럼 사라지고
내님의 울움소리 가슴 치는데
속으로 넘치는 눈물이 뜨겁다

나이를 지우다

막을 수 없는 것은 세월 따라가는
나이뿐이 아니고
날로 늘어나는 흰 머리칼이
청춘을 삼킨다

가을바람에 으스스 날리는
흰 머리칼은 인생의 의욕을
소리 없는 망치로 부수는 듯하다

검은 염색으로 나이를 지우고
젊어지니 다시 태어난 듯이
마음에 생기가 꽃을 피운다

발걸음도 가볍게 아스팔트를
두둥실 뭉게구름 위를 걷는 듯
희열의 화색이 피어오른다

김인녀

나만 힘들다 말하지 마라

만나는 친구들마다 말한다
삶이 힘들다고
건널목을 건너는 많은 사람들
얼굴 표정들 옷도 다 다르다
웃는 얼굴
기쁜 얼굴
화난 얼굴
행복한 표정
가지가지 듯이
흰옷 검정옷 모자 양산
구두 운동화
걷는 사람
뛰는 사람
천태만상이다
속은 알 수 없으나
생각도
환경도
사정이 다 있고
상황이 다를 뿐이다
나만 힘들다 말하지 마라
관심을 기울이고
들여다보면

더 힘들고 어려운 일 많고
한 고통씩은 다 있다
인생은 고행이라 했던가
너나 나나 거기서 거기다

김인녀

나의 바다

에메랄드빛 푸른 파도 철썩이는
나의 바다에는 큰 파도 작은 물결
출렁이는 인생 여정이
포말을 일으키며 흐른다

풍랑이 와서 파도가
높이 솟아 어렵기도 했었고
꽃들이 자랄 때 달콤 쌉쌀한 맛도
바다는 못다 한 사랑에 속울음 토한다

수평선에는 꿈 같은 나의 섬들이
아침 햇살에 비상의 날갯짓 하고
빛나는 승리의 하루를 달리며
바다 갈매기 짝을 찾아 높이 난다

간밤에 비바람 지나니 동녘에
오색 무지개 희망의 꽃등 달고
파도는 영광의 찬미를 노래하고
바다는 사랑의 윤슬이 일렁인다

꿈꾸는 탬버린

먼지 앉은 낡은 피아노 위에
얼마 전 새로 선물 받은 탬버린이
말없이 누워 눈만 껌벅인다

명절날 생일에 애들이 올 적마다
베토벤 모차르트 쇼팽을 울리며
피아노 박수받고 기쁨이 넘친다

눈길 한번 받지 못하는 탬버린이
언제부터인가 혼자 노래 연습에
밤낮으로 야위어 간다

띵 땡 철렁철렁 기괴한 소음뿐
마음처럼 소리가 아름답지 않아
진땀만 나고 몹시 괴롭고 슬프다

꿈속에 무대 올라 울리는 탬버린
파바로티 같은 목소리에 환호와
기립박수 받고 행복 미소 터진다

김인녀

그대는 불꽃

메마른 가슴에 불꽃이 입니다
그대 눈빛에 내 가슴이 탑니다

연기도 없이 탑니다
재도 없이 타오릅니다

그대는 시시때때 이글거립니다
내 모두를 태우는 불덩입니다

태양보다 뜨거운 불꽃 그대
날 사르는 활활 타는 불꽃입니다

고향길

봄꽃이 흐드러지게 피는 빨간 길
산천초목 초록바다 일렁이는 길
코스모스 하늘하늘 춤추는 길
하얀 눈속에 꽃등불 붉게 타는 길

첫사랑 문틈으로 살짝 보는 길
옛친구 튀어나와 손잡는 길
부모 형제 행복 듬뿍 숨어 있는 길
모두모두 사랑으로 반겨 주는 길

김인녀

고독의 맛

첩첩산중 절애의 절벽 위에
멋대로 수목 나뭇잎들 비집고
가녀린 햇살 한 줌이 전부다

처량한 그 언덕배기 바위 구석에
풀꽃 한 송이 한낮에 배시시 웃고
잠깐의 햇빛과 해후 희롱을 한다

난데없이 먼 곳에서 푸른 바다가
찰랑찰랑 물결지며 다가와 안겨
자연을 읊으며 노래한다

바람도 쏴 입김을 나부끼고
나무를 밀어젖히고 달려오니
나뭇잎 반가운 듯 춤을 춘다

반복되는 고독의 맛이지만
어둔 밤에는 별들의 은물결 잔치
달님은 미소로 푸른 축복을 준다

강화도 밤안개

기억도 까마득한 그때 그 시절
그대 모습은 희미한 밤안개 피듯
먼 사랑의 서사시로 낙엽 따라 나른다

전등사 가는 길은 보이지 않아도
바다는 수줍게 사랑을 노래하고
기슭 펜션에 그대 그림자 어린다

스페인 마을에 지는 낙엽과 한 컷
차와 햇님과 수다 시간을 여의고
밤안개가 지친 날개를 편다

가지 말라고 가로등이 애원하고
그대 고운 얼굴이 눈물에 젖어
밤안개 미련을 토하며 흐느껴 운다

김인녀

갈뫼의 연가

언덕에 늘어선 나무들이
가을옷을 갈아입고 갈바람이
임소식 안고 등성이 넘어온다

청설모 도토리 물고 쪼르르 뛰고
산기슭에 노루들 낙엽 밟는 소리
연인의 숨결에 가을산은 여문다

그늘 아래 까만 눈동자의 유혹
따뜻한 그대 입김 내 볼을 스치며
불타는 숨결 가슴에 꽃물이 든다

낙엽 하나 호수 위에 떠가고
산중을 울렸던 사랑의 메아리가
물결 따라 출렁이며 나를 부른다

갈매기 소망

바람 불고 비 내려도 갈매기는
돛대가 펄럭이는 때 묻은 항구를
떠날 수 없어 울어댄다

저녁놀이 꽃처럼 하늘에 물들쯤
반짝이던 등댓불 밑에 입 맞추던
임의 기억에 아직 가슴 뛴다

폭풍에 높은 파도 항구를 할퀴던 날
떠난 임의 눈망울에 맺힌 이슬
가슴에 가시로 아프다

환히 빛나는 미소 머금고 돌아와
남루해진 기다림을 끌어안고
사랑의 속삭임 귓전 맴돌듯하다

김인녀

갈대꽃

강변에 아스라이 늘어선 갈대꽃
뉘를 오라고 쉼 없이 푸른 하늘에
하소연하듯 애달픈 손짓을 하나
흘러간 푸른 강물을 부르는가
얼결에 지나간 세월을 탓하는가

살랑 숨결에도 휘젓는 너를 보며
속절없이 떠난 임이 그리워지고
가버린 젊음의 꿈을 아쉬워하며
흰 꽃을 훈장처럼 이고 길 잃은 한
늙은이 마음같아 쓰리고 애달프다

가을의 연민

유난히 맑은 가을의 입김이
빈 가슴을 스친다
먼 먼 그 옛날의 뜨거웠던 임이
내 볼에 입을 맞춘다
가을날의 환상이다
그대 빈 자리에 날 부르는 소리
번쩍 고개를 들어
하늘을 우러러본다
꽃단풍잎이 숨결 곱게 날아
호수에 비친 그대 얼굴
그리움이 출렁인다

김인녀

가을의 순정

더위가 이울은 이 계절에
초가을 바람이 푸른 하늘 실어와
출렁이는 호수같이 가슴이 뛴다

반가운 마음 드높이 우러러
그대 향한 들끓는 정 마른 들녘에
국화향처럼 그대 향기를 마신다

그대 위해 아끼고 감추어 온
풍요의 애정을 맘껏 불러 모아
긴긴 세월 쌓인 회포 풀어 보리라

달빛에 그린 진한 그리움과
별빛에 새겨진 깊은 사랑을
그대에게 모두 드리리 이 밤에

가을에서 봄까지

무성한 초록의 나뭇잎들이
빨강 노랑 옷을 갈아입고
한 잎 떨어진다 한 잎 날린다
낙엽이 모여 수다를 떤다

아름답다고 낭만적이라고
하늘을 보니 삭풍이 불어와
가지가 휠 것같이 매달렸던
잎들이 모두 떨어져 앙상하다

바람에 구름들이 검게 흐느끼고
흰 눈이 발길을 막고 동장군
얼음 칼을 휘두르는 위세에
낙엽이 눈속에 떤다

뿌리는 땅속 깊이 뻗어 물을
따뜻이 밀어 올리면 나무는
실눈을 틔워 초록의 바다 위에
나무의 역사는 다시 쓰여진다

김인녀

가을장마

염천에 애써 가꾼
자식 같은 일년 농사
가을장마 다 삼킨다

애달픈 농부 마음
검게 타는 농부 가슴
하소연할 곳 어드메뇨

비야 그쳐라
다 떠내려가면
금쪽같은 새끼들 배곯는다

가을 여인

낡은 시간 위를 아슬아슬
줄타기하며 바람에 휘젓고
가는 낙엽따라 마음도 흐른다

비바람 폭풍우도 가을의 열정에
도전의 붉은 투지를 더하고
은빛 달빛도 연인처럼 껴안는다

계절은 수줍어 볼이 붉어지고
가을볕에 색색 새콤달콤 영근
과실 저무는 들녘 향기로 물든다

울긋불긋 무명치마 입은 행복
오색 단장한 무지개 끝자락에서
임그리는 눈망울 이슬에 젖는다

김인녀

가을 사색

싸늘한 갈바람이 빨강 숄을
펄럭이며 시린 내 가슴 속에 와
그대 붉은 사랑이 심장을 울린다

그대의 뜨거웠던 구애에
싸늘했던 용암이 녹아 내려
그대 품속에서 사막 같은 세상에
삶은 비단길을 깐다

허리가 휘어진 세월에 돌아보면
화려하게 새겨진 그대 사랑은
아직도 살아서 강물처럼
끊임없이 속살거린다

단풍처럼 붉었노라
태양처럼 뜨거웠노라
별처럼 빛났노라
꽃처럼 아름다웠노라

천년이 가도
만년이 가도
사랑 노래 영원히 가슴 속에
폭풍처럼 휘몰아친다

가을바람

가을 바람이 옷깃을 스치고
쇠잔한 햇빛 긴 그림자
골목길 끝자락을 돌아간다

더위에 지친 마음 갈바람에
추스르고 길섶에 풀향기는
바람 타고 춤을 춘다

그대 함께 거닐던 산책로에는
코스모스가 만발해 웃고 있지만
억새꽃 군무가 계절을 재촉한다

오신다던 임소식 아득해 애타고
그리움만 깊어가는 가을밤에
갈바람 소리 스산하다

김인녀

가을날 소묘

높푸른 하늘에 흰구름이
산들 바람타고 너울너울 춤추며
꿈꾸는 긴 여정이 설렌다

무지개빛 청춘을 반추하며
찬란한 햇살을 덧칠하는
고운 추억들의 수채화

꿈이 부풀고 사랑이 붉게 익어
달콤새콤 아롱다롱 진주알
찬란히 빛나고 향기롭다

앞강이 품은 바위산이 흥겹고
흩날리는 단풍잎의 붉은 유희는
내 사랑을 향한 그리움이다

10월의 눈부신 꽃

미소가 아름다운 좋은이도
영월의 꽃 우아한 촌각시도
참을성이 짱인 강냉이도
삼팔따라지 어리숙이도
10월의 얼굴에 햇살이 물든다

모두 다 맹렬한 젊은 날의 기억이
곱게 서리고 각인된 모습이 꽃보다
찬란한 세월의 한 조각으로 기울어 가는
석양에 자랑스럽고 사랑이 어린다

현실이 아무리 냉혹해도 누가
이 여인들을 낮춰볼 것이냐
진주보다 빛나는 삶의 보석들이
가지가지 아롱지고 올곧은 마음
순수와 정의를 활짝 피웠거늘

가을의 꽃 국화는 10월에
가장 화려하고 향기롭듯이
인생의 가을날은 단풍보다 붉고
아침 이슬보다 영롱한 빛이리니
보라 10월의 눈부신 꽃들이어라

김인녀

4부. 눈오는 날

흰눈 날리던 날 그대 떠났습니다
첫눈 오면 다시 오신다던 임은
보이지 않고 속절없이
그리움만 가슴 에입니다

눈오는 날 중

눈오는 날

흰 눈이 소리없이 내립니다
식곤증 짧은 낮잠에 취한 동안
학교 운동장이 온통
하얀 보료로 덮여 있습니다

흰눈 날리던 날 그대 떠났습니다
첫눈 오면 다시 오신다던 임은
보이지 않고 속절없이
그리움만 가슴 에입니다

흰눈처럼 내 맘에 쌓이는 정
하얀 그리운 마음 뒤흔듭니다
눈아 내려라 늦은 밤이라도
흰눈 나래 타고 내님 오시게

가로등

하루가 지쳐 어둠으로 갈 때
불현듯 앞을 밝히는 가로등
임 만난 듯 반갑고 발그레 물든다

저만치 빗속에 서 있는 가로수도
어둠침침 짜증스러울 때
비치는 가로등불 가슴이 훤히
낭만이 흐른다

태풍이 몰려와 건물 간판이 날고
가로등 기둥이 휘어지고 커버가
깨진 가로등 여전히 사랑의 밀어
환히 새긴다

고독에 힘겨워 몸부림치고
목마름에 갈증으로 지칠 즘
가로등 같은 오랜 친구 만나면
반갑고 힘이 된다

그대 힘든 일에 괴로워하고
그대 외로워서 눈물겨워 할 때
그대에 위로가 되는 가로등이
나였으면 좋겠다

김인녀

눈이 내리네

눈이 내리네
하얀 눈이 내리네
온 세상이 하얀 눈으로 덮여요

사랑한다고 속삭이던
그 사람은 눈 내리던 날 하얗게
눈 속으로 떠나 갔어요

그의 속삭임은 눈 오는 소리에
하얗게 스며들어 내게서 멀리
사라졌어요

이렇게 하얀 눈이 내리면
그 사람 모습인가 햇솜처럼 포근한
눈 속으로 빠져들어요

눈송이

하얀 눈송이 소복소복 내린다
창틀 위에
나무 위에
길 위에
내 마음 속에 하얗게 쌓인다

창문을 열고
한 움큼 움켜쥔다
뽀드득 뽀드득
네가 부르는 듯
너의 목소리가 들린다

천사의 부름
꽃잎 웃음소리
아기처럼
기쁨처럼
여기 날아온다

사뿐사뿐 오는 너
사랑 품고 오는 너
오늘
나도
눈송이 되었다

김인녀

눈사람

하얀 눈을 뭉치고
어루고 다듬고
둥글게 둥글게

눈 코 입
팔도 꼭
모자도 씌우네

목이 허전하니
마후라도
둘러야지

햇살에 사라진
따뜻한 사랑
내 인생같네

눈

눈은 순수다
산천에
그냥 내린다

눈은 순결이다
티 없이
맑고 깨끗하다

눈은 그리움이다
소리없이
눈웃음 짓는다

눈은 사랑이다
손만 닿아도
눈물을 흘린다

김인녀

눈 위에 누워

눈을 뜨니 우주선이 하얀
눈 위에 두둥실 떠 있었다
간밤에 잠든 사이에 계속 내려
눈이 온천지를 하얗게 덮었다
하늘은 푸르고 태양은 밝고
햇살은 금빛 바람은 차고 희다
하얀 정령이 하얀 사랑을 뿌린다
가로수 하얀 눈옷에 반짝이고
강물도 하얀 눈 눈물결 하얗다
하얀 들판 하얀 눈 위에 누워
티끌 없는 하얀 꿈에 잠긴다
온 세상이 하얀 눈 위에 누워 있다

겨울 여인

손이 시리다
발이 시리다
몸에 냉기가 가득하다

찬 것은 먹지도 못한다
찬 사이다도 못마신다
아이스크림도 볶아 먹는다

생각도 차갑다
남의 일에 모른 채 한다
표정이 차갑다

감성이 서늘하다
머리가 차다
가슴에 얼음꽃이 핀다

김인녀

늦은 저녁 내리는 눈

늦은 저녁 내리는 눈은
내 마음에 부서져 내리는
긴긴밤을 지새는 임의 별가루다

늦은 저녁 내리는 눈은
지친 퇴근길 임 보러 가는 발길에
환히 밝히는 꽃등불이다

늦은 저녁 내리는 눈은
멀리 떠난 그리운 임
임 소식 싣고 오는 천사의 속삭임이다

늦은 저녁 내리는 눈은
꿈속에 임 만나 가슴 뜨거운
먼 옛날 첫사랑의 설렘이다

맑은 마음

너는 흔들지 않고 서 있다
세상이 온통 주식거래로
큰돈을 챙겼다 깨춤을 춰도

너는 흔들리지 않고 서 있다
가상화폐에 정신이 팔려 많이들
하하호호 흥분해 날뛰어도

너는 흔들리지 않고 서 있다
천만송이 꽃봉오리 터져
꽃불이 봄 동산을 붉게 태워도

너는 흔들지 않고 서 있다
청산처럼 창공처럼 청빈을 살아
가난에 짓눌려 야위어 가도

김인녀

먼 훗날

옛 벗이 동영상 하나 보내고
잘 지내냐고 안부를 묻는다

세계를 주름잡던 미남 미녀들
마지막 또는 최근 모습 무참하다

그 곱고 매혹적인 모습 무너졌다
알랑드롱은 아랑드롱이 아니다

청춘의 꽃을 먹는 세월이 무섭고
먼 훗날 달라질 우리 모습 두렵다

소리도 없고 모습도 보이지 않는
잔인한 너 누가 너를 멈추랴

무너진 우정의 다리

무너진 우정의 다리가
지난 세월을 잊으려
고개를 돌리며
깊은 시름에 젖는다

코흘리갯적 소꿉놀이하던
까만 눈동자도
증오의 물결에
가라앉아 운다

말 한 마디가 수십 년 된
우정을 허물고
원수 보듯 외인 보듯
가슴에 아픈 못을 친다

무너진 마음도 찾고
햇살 같은 미소로 옛정 토닥이며
고운 정 담아 가게
미안 한 마디만 하자

김인녀

미운정 고운정

어릴 적부터 추위를 많이 타서
찬 것을 좋아하지 않고 무서워
멀리했다

다들 좋아하는 아이스크림도
후라이팬에 볶아 먹어야 한다고
떼를 쓰기도 했다

떨리는 폭염은 타는 듯이 찌고
매우 끈적이고 숨이 막혀
많은 이들이 아프고 쓰러졌다

살을 저미는 더위와
줄다리기를 달포 이상하니
이 여름 곱지 않던 에어컨과
잔정이 들었다

미운정 고운정이라 했던가

불사조

금방이라도 쓰러질 듯 날갯짓이
느리고 지친 눈빛이 몽롱하고
아득한 것처럼 보인다

새울음 소리는 낭랑 허공에 차고
전에 날던 일들을 고주알미주알
사설로 짹짹대는 폼이 신비하다

싹싹하고 상냥하며 친절하고
정이 많아 비행도 곡선을 그리며
격 없이 살갑고 눈부시며 곱다

날갯짓이 둔탁한 듯 하지만
기운이 팔팔 활기에 물들이고
높이 빛나는 비행을 자주한다

김인녀

삶의 뒤안길에서

비바람이 세상을 몰아치니
가로수 노란 은행나무가
못다 이룬 꿈이 남았다고
몸부림친다

그대 비에 젖고 바람에 흔들리며
아프고 슬퍼도 길 위에 누어
하늘 우러러 지난 날을
돌아보며 흐느낀다

검은 길을 노랗고 곱게 추억 펼쳐
지친 이들에 위로의 날개가 되니
그대 아픈 가슴은 따뜻한 사랑의
꽃밭으로 활짝 피어난다

가을에 물든 내 퇴색한 삶에도
끝나는 날에도 누군가에 있을
한 줌의 햇살이 될 마음의 밭에
사랑의 씨앗을 심는다

선풍기

지난겨울 매정하게 내팽개쳐져
빛도 없는 구석에서 웅크리고
외로움을 눈물로 보내다 어제

얼굴을 씻고 곱게 몸단장을 하고
산뜻한 네 날개가 둥근 세상을
돌며 돌며 사랑의 인사를 나눈다

빨리 돌아 열기가 흩어져 가니
뜨거운 여름이 여기로 저기로 날아
황금 들녘 가을이 빨리 올까

열심히 돌아라
맹렬하게 사시다 가신
내 엄마의 삶이 생각나
마음 한구석이 멍든 듯 애절하다

김인녀

성탄절 전야

구름이 잔뜩 낀 날씨에
춥다는 일기예보지만
잠깐 산책을 했더니 쪽잠이 들었다

오래전에 왔었던 산타클로스
할아버지가 선물을 가득히 담은
흰 보따리를 내 앞에 놓고 가신다

가슴이 설레어 잠시 주저하다
보따리를 풀어 보니 어떻게
내 소원을 다 담아 오셨다

사랑의 하트 초콜릿 상자들에
온 가족의 건강과 손녀 순출산을
축원하는 카드 나는 흐뭇하다

이보다 큰 축복과 은혜가 있으랴

옛 친구

오랜만에 옛 친구 만나
점심을 같이 한다

불고기 백반이 왜
그렇게 맛이 좋고

마시는 커피 맛이
일품이네

친구의 옛정이
듬뿍 들어갔나 봐

김인녀

자동차 홍수시대

현대인의 필수품인
자동차가 넘쳐나고
거리마다 골목마다
자동차가 홍수진다

한 방울의 검은 기름
없는 나라 셋방살이
가난에서 못 면해도
자가용이 편한 세상

몽매해도 이 눈에는
나라 미래 아득하고
후세들의 앞날 걱정
가슴 가득 한숨찬다

전화벨 소리

윗집에서 전화벨 소리가 들린다
오래오래 받지 않고 울린다
모두 일찍들 나간 모양이다

한참 후 또 전화벨 소리가 울린다
아무도 없고 집은 부재중인가
마음이 쓰인다

급하고 중요한 연락일 수도 있다
시골 부모님이 갑자기 아프든지
사랑하는 이의 사고일 수도 있고

연락할 핸드폰이 없는건가
번호를 모르는가 안타까운 시간
쉴 시간을 빼앗기고 밖을 본다

항상 있는 학교 운동장인데
오늘따라 학생 하나 보이지 않고
텅 비어 휑한데 귀를 쫑긋 세운다

김인녀

절망에서

잘 정비하고 순조롭던 일들이
큰 파도를 만나 비틀거리고
벼랑에 위태롭게 걸려서
앞이 캄캄할 때 암울하다

흩날리는 흰 눈도 검게 보인다
방향을 잃고 작은 힘이라도 잡으려
안간힘이 절실한 순간은
어둠이 활개치고 숨막히게 한다

검은 바다 위에 누워
정처를 잃은 채 그냥 멍하니 떠간다

한 줄기 작은 돌파구라도 찾으면
긴 숨을 내쉬며 앞으로 나갈 길을 찾는
원기를 얻으려고 용기를 내보며 푸른 하늘을 본다

어둠이 짙고 깊을수록 섬광의 염원이
절실하듯이 역경은 뼈에 사무치는
초록의 희망을 잉태하니 정신을 차려야 한다

절망에서 굳세게 일어나라
침묵의 찬란한 외침이 들린다

청산에 살자

초록이 넘실대고 생명이 푸른
청산이 오라고 함성이 흐르고
산새들 짝 찾는 사랑노래 드높다

산그늘을 마시며 산노루 뛰놀고
머루 다래 조롱조롱 웃음 영글고
산딸기 애교가 붉게 익어가는
산바람 애무에 나뭇잎들 설렌다

겨울에는 서리꽃 바람꽃 눈꽃이
고목에도 가지가 휘게 꽃피고
봄이면 양짓녘에 붉게 봄 물든다

갖가지 산나물 지천인 초록바다
산봉우리에 꽃무리 입맞춤이
향기롭고 산숨결 찬이슬 지친 영혼이
날개를 펴고 날아오른다

김인녀

정동진

해돋이를 보러 그대와 나
정동진에 갔던 생각이
문득 뇌리를 스친다

정월의 찬 바닷바람이
볼을 할퀴고 흰 모래사장에는
수많은 이야기가
촉촉이 젖어 흐른다

아름답고 슬픈 사랑의 이야기도
모래시계에 얽힌
아프고 시린 사랑의 테마
줄기도 살아 있어

기러기들은 다 알고 있다는 듯
줄기차게 날갯짓하며
하소연 하듯이
멈추지 않고 울어예인다

새해 소망을 하얀 마음의 꽃으로
출렁이는 파도 위에 푸르게 띄우고
가정의 평안과 건강을 기원
타오르는 해를 들이마신다

해가 밝게 비추고
속을 뜨겁게 달궈
열정으로 인생의 꽃을
피우란다

해는 수없이 뜨고 지는 정동진
그대는 갔어도 정동진에서 함께
기원했듯이 그대가 남긴 꽃향기
아직 붉게 타오른다

김인녀

친구들아 힘내자

주름살이 청춘을 삼켰다고
서러워 말라
거친 풍파 이긴
삶의 꽃 같은 자국이 거기 있어
채찍질하나니

물찬 제비같던 앞뒷태가 무너졌다고
한숨짓지 말라
가난과 줄기차게 씨름한
번뜩이는 훈장이 너를
빛내거늘

발레리나 같은 종아리가 휘어졌다고
아쉬워하지 말라
살려고 펄펄 날던
기상 가슴 속에 아직
뛰고 있나니

등이 아프다고 다리가 땡긴다고
머리가 어지럽다고 한탄말라
뜨락에 꽃들 활짝
환희의 깃발 펄럭이는 광영이
너를 비춘다

한파

맥시피딩 코트에 털모자 마스크와
선글라스로 단단히 무장하고
산책을 나서는데 칼날 같은 찬 바람이
빈틈을 찾아 한치 이마며 양볼을
기다렸다는 듯이 에이고 할퀸다

강변에 미루나무 푸르던 날 꿈인 양
잊은 채 앙상한 알몸으로 서서
얼음 같은 강바람에 떨고
전시장처럼 늘어선 물새 떼들
흰머리 허리 굽은 억새꽃에
한파 몰아쳐 겨울이 몸살을 앓는다

꿈에 지치면 다시 딴꿈을 꾸듯
한파에 시달리는 겨울은 봄꿈을
꾸리니 몰아치는 세파에 휘둘려도
삶은 푸른 희망을 품고 승리의
깃발을 날리며 앞으로 앞으로
달려 나아가리라

김인녀

시해설
잘 분화된 아니무스 *animus*
인연의 열매 제7시집

유창근(문학평론가. 문학박사)

잘 분화된 아니무스 *animus*

유창근(문학평론가. 문학박사)

 문학작품을 논할 때, 그 작가의 생애를 조명하는 일은 매우 중요하다. 영국의 대표적 시인 밀턴*John Milton*이 쓴 「실명失明에 관하여 *On His Blindness*」는 그의 눈이 전혀 보이지 않았던 44세(1608) 때 창작되었다는 사실을 알 때, 작품을 훨씬 더 폭넓고 깊이 있게 이해할 수 있다.

 □ 김인녀 시인의 일곱 번째 시집 『인연의 열매』를 관심 있게 읽었다.
 김인녀 시인은 평안남도 덕천에서 3남 3녀 중 다섯째로 태어났다. 유년시절에는 대지주의 딸로 부유한 환경 속에서 자랐으나, 1948년 국토가 남과 북으로 분단되자 북한이 사회주의 노선을 택하면서 그의 가족들은 사유재산을 몰수당하고, 봉산 탄광촌으로 쫓겨나 근근이 끼니를 이어오다가 1·4후퇴 때 월남越南하여 전라북도 이리(현재 익산)에 정착했다. 교육열이 남달랐던 부모는 어려운 환경 속에서도 자녀들을 모두 학교에 보냈는데, 김시인은 이리여자중·고등학교를 거쳐 수도여자사범대학(현 세종대학교)을 졸업한 뒤 모교의 영어영문학과 조교수, 체신부 공무원, 미국계 회사 임원, 독일계 회사 대표이사를 역임했다. 특히 독일계 회사에서는 그에게 조건 없이 CEO 자리를 맡길 정도로 업무능력이 뛰어났고 통솔력이 강했다고 한다.

평소 시詩에 관심이 많았던 김시인이 시창작詩創作에 본격적으로 참여하기 시작한 것은 76세 때 남편과 사별하면서부터다. 처음 3년 동안은 혼자서 습작생활을 하다가 시 창작반에 들어가 2년간 체계적으로 시 공부를 하고, 2017년 「현대시선」 가을호 신인문학상 시 부문에 「석양의 단상」, 「설악산의 가을」, 「허무」가 당선되어 시인으로 등단했다. 등단 다음 해인 2018년에 제1시집 『나의 황금날개』(2018.3) 출간을 시점으로, 제2시집 『나목의 노래』(2019.3), 제3시집 『꽃잎 사랑』(2020.3), 제4시집 『꽃바람』(2021.7), 제5시집 『흐르는 강물처럼』(2022.5), 제6시집 『그대는 나의 봄』(2023.7) 등 해마다 1권씩의 시집을 발간하여 왕성한 창작 의욕을 보여왔다. 그리고 등단 7년 차인 금년에 일곱 번째 시집 『인연의 열매』를 세상에 내놓게 되었다. 그가 등단 당시에 '매년 한 권씩의 시집을 내겠다'는 약속을 지금까지 한 번도 어기지 않았고, 시집 출판도 첫 시집을 발간한 출판사에 계속 맡겨온 것은 그의 올곧은 성격과 무관하지 않다.

 김시인은 등단 이후 한국문인협회회원, 한국문인협회 구로지회회원, 현대시선문인협회 부회장, 아차산문학상 추진위원장 등으로 활동하면서 문인으로서의 위치를 탄탄히 다져왔다. 그동안의 열정적인 창작 의욕과 문학적 성과를 높이 평가받아 난설헌 허초회문학회 금상, 제5회 시선문학 대상, 제5회 창작동네 문학상, 제7회 시동네 문학상, 송강문학상 대상, 농민문학작가 대상을 받은 바 있다.

 □ 김인녀 시인의 제7시집 『인연의 열매』(2024)에 수록된 작품들은 기존의 시집에서 보여준 인간人間과

유창근

인간人間, 인간人間과 자연自然, 자연自然과 자연自然의 연결고리를 더욱 구체적으로 형상화했는데, 특히 이번 시집에서 '꽃'과 '그대'와 '그리움'이라는 시적 대상물을 역동적이면서도 진취적인 이미지와 연결하여 긍정적으로 분화시키고 있는 점이 주목된다.

김인녀 시인은 한마디로 '꽃의 시인'이다. 그의 시를 읽다 보면 수없이 많은 '꽃'을 발견할 수 있는데, 그 '꽃'들은 김시인이 걸어온 인생 여정旅程을 진취적이고, 적극적이며, 역동적인 이미지로 형상화하고 있다.

프로이트의 제자 융 C.G.Jung은 인간의 심리 본질을 영혼과 의식과 무의식을 포함한 포괄적인 개념으로 파악했는데, 인간 개개인의 심리 속에 공통적으로 작용하는 원형 가운데 아니마anima와 아니무스animus를 언급하였다. 여기서 아니마는 남성의 내면에 존재하는 여성적인 요소를, 아니무스는 여성의 내면에 존재하는 남성적인 요소를 일컫는데, 아무리 남성다운 남성일지라도 그의 내면에는 여성적인 요소가 들어있고. 아무리 여성다운 여성일지라도 그의 내면에는 남성적인 요소가 들어있다는 것이다. 순수한 남성과 순수한 여성이 따로 있는 게 아니라, 이 양성 속에는 각각 서로 다른 성이 들어있어서, 특히 여성의 경우, 건강한 아니무스의 발달을 통해 힘의 충동에서 진취적인 성향과 말의 의미적 힘을 깨닫고, 그 의미를 실현하고, 지혜를 획득한다는 것이다.

김인녀 시인의 시에서 특히 아니무스적 성향의 시어나 정황을 발견할 수 있는데, 그의 시집 『인연의 열매』에 사용된 시어를 분석한 결과, 시집에 수록된 총 105편의 작품 가운데 41%에 해당하는 43편이 '꽃'을 소재로 선택하고 있다. 특히 시집의 제1부에 수록된

25편의 작품은 전체가 꽃을 소재로 하고 있는데, 25편 가운데 「그대 사랑」과 「난꽃이 지네」등 2편을 제외한 나머지 23편은 '피는 꽃'을 노래하고 있어서 전체적으로 상승적上昇的 이미지를 강하게 표출하고 있다. 상승적 이미지는 그밖에 「그리움」에서 '꽃이 활짝 핍니다/많은 고운 생각이 꽃처럼 핍니다/당신의 안부인가 가슴 설렙니다', 「붉은 꽃으로 오는 당신」에서 '향기로운 꽃향기 타고 당신이/날아와 삭막하던 내 뜰에/따사로운 봄 꽃을 펼치고/내 가슴에 붉은 사랑꽃이 피었네', 「나의 바다」에서 '간밤에 비바람 지나니 동녘에/오색 무지개 희망의 꽃등 달고/파도는 영광의 찬미를 노래하고/바다는 사랑의 윤슬이 일렁인다' 등 여러 작품에서 적극적이고 진취적인 이미지로 형상화되고 있다.

    현대백화점 입구에 얼마 전
    꽃집이 문을 열어 가지가지
    꽃이 활짝 웃으며 반긴다

    아침이면 새꽃들 향기 물씬 안고
    꽃집 아가씨는 꽃보다 더 곱게
    이꽃 저꽃 꽃이야기를 묶는다

    시들은 꽃은 슬며시 빠지고
    새로운 이야기는 매일 다른 꽃으로
    시작해야 하는 꽃집이다

    그 많은 꽃 중에 항상 있는
    시들지 않는 꽃 속에 웃음꽃 피우는 꽃
    활달한 꽃집 아가씨꽃이다
                    「시들지 않는 꽃」 전문

유창근

앞의 시 「시들지 않는 꽃」은 형식적인 면에서 4연 12행의 기승전결起承轉結 형식을 갖춘 정형시다. 관심 있게 살펴보면, 전체 12행 중 11행에서 '꽃'을 시어로 선택하고 있는데. 다만 둘째 행 '현대백화점 입구에 얼마 전'이라고 서술한 단 한 행에서만 '꽃'을 시어로 선택하지 않았다. 그런데, 2연의 3행에서 '이꽃 저꽃 꽃 이야기를 묶는다'. 4연의 2행에서 '시들지 않는 꽃 속에 웃음꽃 피우는 꽃'이라고 서술하는 등, 한 행 속에서 '꽃'이라는 시어를 무려 3회씩 반복 사용하고 있는데, 이는 곧 '시들지 않고, 활력이 넘치는 꽃'을 시각적으로 희화화戱畵化하기 위한 의도로 분석된다.

또한, 「시들지 않는 꽃」 전반부에서 김인녀 시인은 꽃의 속성인 '시듦'을 체험적 사실에 비추어 진술하고 있는데, 마지막 결론 부분에 꽃집 아가씨를 '시들지 않고', '웃음꽃을 피우고', '활달한 꽃'으로 비유한 것을 볼 수 있다. 그러나 이와 같은 비유는 솔직히 논리적으로 수용하기 어려운 모순적矛盾的 진술이다. 영원히 시들지 않는 꽃은 세상에 존재하지 않을뿐더러, 항상 웃음꽃을 피우고, 활달한 모습을 보여주는 꽃은 세상 어디에도 존재하지 않기 때문이다. 그럼에도 불구하고 화자가 「시들지 않는 꽃」에서 모순적인 논리를 거침없이 쏟아내는 행위는 남성 특유의 오기傲氣로 이른바 여성의 내면에 존재하는 남성성, 즉 아니무스animus로 해석할 수 있다.

시에서의 언어는 서로 모순되거나 충돌하는 것끼리 하나의 문맥 안에 수용할 때 의외로 신선하고 훌륭한 시가 빚어질 수 있다고 한다. 정서적 언어상으로 볼 때, 설령 지시대상指示對象의 오류가 크다고 하더라도, 태도나 정서면情緒面에서 일으킬 수 있는 효과가 더 크다고 판단될 때는 서로 모순되거나 충돌하는 언어를 한 문맥 안에 수용하는 것이 크게 문제 되지는 않는다.

> 꽃은 피었습니다
> 인생도 그러하거늘
> 하늘의 먹구름이 몰려와도
> 폭풍이 가로수를 후려쳐도
> 눈보라가 맨살을 할퀴어도
> 목이 마르고 배가 고파도
> 눈물 젖은 가슴이 희망의 패기로
> 봄은 다시 오리니 참아야 한다고
> 꽃은 말합니다
> 꿈의 정상은 눈부실거라고
>
> 「꽃은 말합니다」 2연

 앞의 시 「꽃은 말합니다」는 꽃에게 인격을 부여하고, 비유적으로 교훈적 메시지를 전하는 일종의 알레고리 *allegory*시로 볼 수 있다. 알레고레 시는 특히 독자의 반성이나 성찰을 촉구하려는 목적을 지니기 때문에 지적知的인 성격이 강하다. 이 시에서 화자는 꽃을 의인화하여 추상적인 개념이나 현실의 모습을 인생에 비유하고 있는데, 시의 화두를 '꽃은 피었습니다'로 시작하여 먹구름이 몰려오고, 폭풍이 몰아치고, 눈보라가 맨살을 할퀴고, 목이 마르고, 배가 고파도 역경을 잘 견뎌야 좋은 결과를 얻는다는 교훈적 메시지를 담고 있다. 여기서 '먹구름', '폭풍', '눈보라', '갈증', '배고픔' 등은 언어 그 자체에 남성성을 지니고 있어서 시인의 정신세계에 잠재한 아니무스*animus*를 어렵지 않게 읽을 수 있다. 그리고 「꽃은 말합니다」에서 '꽃'은 마치 세상을 오래 살아온 인생의 대선배가 새내기들에게

유창근

'온갖 고초를 잘 견뎌야 좋은 결과를 얻는다'며, 마지막을 '꿈의 정상은 눈부실 거라'고 마무리하여 주제가 선명하고, 시의 제목을 동사형으로 처리한 부분도 생동감이 있다.

> 잊은 듯 잊혀지지 않는 그대 생각
> 아픔을 미소로 색칠한다
> 무심한 순간 속에 눈물을
> 뜨겁게 삼키며 두레박질을 한다
> 길어 올린 차가운 고독으로
> 고통이 아플수록 강한 채찍이다
> 차곡차곡 쌓은 고뇌로 벙그는
> 꿈의 꽃은 화사하고 눈부시다
> 뭉게구름 푸른 하늘 잊은 채
> 먼 고개 무심히 넘고 넘어가도
> 변함이 없는 꽃
> 꿈의 꽃이다
>
> 「꿈의 꽃」 전문

시인은 「꿈의 꽃」을 화사하고, 눈부시며, 어떤 상황에서도 시들지 않고, 변하지 않는 '영원불멸의 꽃'으로 형상화하고 있다. 여기서 화자가 말하는 '꿈의 꽃'은 단순히 식물로서의 꽃이 아니라, 영원히 변하지 않는 '아름다움'인 동시에 '순결함'이고, '새로움'을 의미하는 관념적인 상징물이다. 특히 이 시의 화자가 '길어 올린 차가운 고독으로/고통이 아플수록 강한 채찍이다'라고 표현하고 있는데, 여기서 '차가운 고독'이나 '강한 채찍' 또한, 언어 자체에 남성성이 강하게 내재된 것으로 읽을 수 있다.

□ 시집 『인연의 열매』에서 주목해야 할 또 하나의 시어는 '그대'라는 대명사다. 사전적 의미로 볼 때, 말하는 사람이 친구나 아랫사람을 높여 부를 때 사용하는 2인칭 대명사가 '그대'다. 주로 '~하오'체와 '~해라'체에서 사용하는 경우가 많은데, '~하오'체와 '~해라'체가 사어死語가 되면서 특히 현대시에서는 사용 빈도가 점차 낮아지고 있다. 김인녀 시인의 이번 시집을 분석해보면, '그대'라는 시어가 약 60여 회 선택되고 있어 '꽃' 다음으로 사용 빈도가 매우 높은 편이다.

① 메마른 가슴에 불꽃이 입니다
그대 눈빛에 내 가슴이 탑니다

연기도 없이 탑니다
재도 없이 타오릅니다

그대는 시시때때 이글거립니다
내 모두를 태우는 불덩입니다

태양보다 뜨거운 불꽃 그대
날 사르는 활활 타는 불꽃입니다

「그대는 불꽃」 전문

② 무료한 봄날에 그대가
꺾어 준 꽃은 그저 꽃이 아니라
그대의 붉은 관심이었습니다

찌는 듯 태양이 쏟아질 때
펼쳐 준 양산은 빛가리개가 아니고
그대의 뜨거운 열정이었습니다

땀을 식혀 주는 그대 그림자는
그냥 그림자가 아니라 사랑을

유창근

말해 주는 그대 몸짓이었습니다

한겨울 꽁꽁 언 내 손을 잡아 준 것은
그대 손이 아니라 그대 심장에서
분출하는 뜨거운 사랑이었습니다

「그대 사랑」 전문

　김인녀 시인은 시① 「그대는 불꽃」에서 불의 이미지와 꽃의 이미지를 자연스럽게 접맥하고 있다. 그대는 곧 '내 모두를 태우는 불덩이'이며, '날 사르는 불꽃'이라 비유하고 있는데, 이 시에서, 연기도 없고 재도 없이 모두를 다 태워버리는 불꽃은 아니무스 animus의 상징물이기도 하다.
　불은 그 속성으로 보아 빛과 열을 수반한다. 「그대는 불꽃」에서 화자는 '그대'를 '태양보다 뜨거운 불꽃', '활활 타는 불꽃'에 비유한 뒤, '그대의 눈빛에 내 가슴이 탄다'고 고백한다. 그리고 '그대'의 존재를 어느 것에도 비교할 수 없는 '강력한 존재', 신神과 같이 '절대적인 존재'로 인식하고 있다. 따라서 '불꽃'이나 '불덩이'는 김인녀 시인의 내면에 잠재된 대표적인 아니무스 animus로 읽을 수 있다.
　가스통 바슐라르 Gaston Bachelard에 의하면, '불꽃은 곧 씨앗이며 씨앗은 곧 불꽃'이라고 했다. 불은 이중적인 것으로 그 정령은 불같은 것이며, 빛나는 것이며, 다시 뜨겁게 하는 것이며, 태양의 불과 다르게 화산의 불은 폭력적이며 밖으로 터져나가는, 참을 수 없는 것으로 설명하고 있다. 불은 또 성性을 상징하는데, 그 생태학적 충동적 행위나 성적 에너지 외에, 따뜻하게 해주고 빛을 주는 것만으로도 남녀간의 정신과 사랑의 원형적 이미지를 상징한다.

앞의 시①「그대는 불꽃」에서 '그대'를 불꽃이나, 불덩이 등 구체적 사물에 비유하고, 시②「그대 사랑」에서는 '그대'를 붉은 관심, 뜨거운 열정, 사랑을 말해주는 몸짓 등 관념적 세계에 비유한 점도 재미있다. 특히 이 시에서 김인녀 시인은 'A=B' 형식의 은유를 통해 서로 다른 사물이나 관념을 결합하고 있는데, '꽃=붉은 관심', '양산=뜨거운 열정', '그림자=사랑을 전해주는 몸짓', '그대 손=뜨거운 사랑' 등 사물과 관념의 조합이 신선하다. 그리고, 시②의 1연에서 봄의 대표적 상징물인 '꽃'을 발견할 수 있는데, 화자는 '무료한 봄날에 그대가/꺾어 준 꽃은 그저 꽃이 아니라/그대의 붉은 관심이었습니다'라며, 그대가 꺾어준 꽃은 단순히 봄에 피는 '꽃'이 아니라, '그대의 붉은 관심'이라고 관념적 세계와 접맥시킨 점, 그리고 2연에서 찌는 듯한 '태양', '양산', '열정' 등의 시어와 접맥하여 무더운 여름 이미지를, 3연에서 '땀을 식혀주는 그대 그림자'와 접맥하여 선선한 가을 이미지를, 그리고 4연에서 '한겨울 꽁꽁 언 내 손'과 접맥하여 겨울 이미지를 도출한 점이 매끄럽다.

그물 같은 인연의 끈이 세상을
촘촘히 엮어 벽돌 쌓아올리며
넓고 높은 성벽을 이루듯

그대와 사막 같은 뜰에 심은
모래알 같은 인연의 씨앗을
많은 인내와 애정으로 북돋아 주었네

때로는 원치 않는 잡초들이
바다 어귀를 덮어 힘들고
심히 몰아치는 풍랑에 멀미도 했지만

유창근

아롱다롱 꽃봉오리 웃음소리에
향기롭고 달콤한 결실이 영원한
사랑되어 인연의 열매가 익는다

「인연의 열매」 전문

　「인연의 열매」는 이번 시집의 표제가 된 작품이다. 형식적인 면에서 4개의 연이 각각 3행씩으로 구성되었으며, 규칙적인 리듬과 기승전결起承轉結의 형태를 갖춘 정형시다. 화자는 2연에서 '그대와 사막 같은 뜰에 심은'/'모래알 같은 인연의 씨앗'을/'많은 인내와 애정으로 북돋아 주었네'라며, 그대와의 인연을 '사막 같은 뜰에 심은 모래알 같은 인연'이라 말하고 있다. 그러나 이 시의 마지막 연에서 '꽃봉오리의 웃음소리', '향기롭고 달콤한 결실', '인연의 열매가 익는다'는 등 긍정적이고 희망적인 정황들과 접맥하면서 상황이 밝고 활기찬 분위기로 반전反轉된다, 특히 2연에서 그대와 맺은 인연을 '인연의 씨앗'으로 비유하고 있는데, 원치 않는 잡초들이 바다 어귀를 덮고, 심하게 몰아치는 풍랑에 멀미하고, 온갖 역경을 견디고 마침내 향기롭고 달콤한 사랑 속에서 '인연의 열매'로 익어가는 과정이 드라마틱하다. 아울러 이 시에서 '사막', '모래알', '잡초', '풍랑' 등의 시어를 볼 수 있는데, 언어 자체가 메마르고, 거칠고, 삭막하여 남성성男性性이 강한 아니무스animus로 분류할 수 있다.

　그리고, 이번 시집에서 '그대'라는 2인칭 대명사 외에 「붉은 꽃으로 오는 당신」, 「임의 음성인가」를 비롯한 여러 작품에서 '당신'과 '임'이라는 인칭 대명사를 발견하게 되는데, 이들은 궁극적으로 사랑하는 사람을 간절히 사모하는 '그리움'의 분신으로 읽을 수 있다.

비가 온 후 가을 햇살은
찬란하게
아름답게
그리움처럼 폭포를 이룬다

황금빛 햇살 사이로
가을을 재촉하는
투명 날갯짓
바람 사르르 잠자리처럼 난다

한 잎 두 잎 떨어진
낙엽이
바삭바삭
뒤척이는 소리 가슴 설렌다

아
임의 음성인가
보고 싶은
그리운 임이여

「임의 음성인가」전문

  이 시의 화자는 낙엽 지는 소리에서 사랑하는 임의 음성을 듣는다. 그리고 임이 존재하는 시간에 대한 그리움을 향해 무한한 상상력을 펼친다. 특히 이 시에서 임의 음성은 임을 향한 그리움으로 연결되는데, 그 그리움은 3연의 '한잎 두잎 떨어진/낙엽이/바삭 바삭/뒤척이는 소리 가슴 설렌다'에 함축적으로 잘 드러나 있다.

바람이 불어 옵니다
창문을 두드립니다
당신인가 귀가 쫑긋 기웁니다

비가 옵니다
유리창 위를 방울방울 흐릅니다
당신의 눈물인가 눈이 번쩍 뜨입니다

유창근

꽃이 활짝 핍니다
많은 고운 생각이 꽃처럼 핍니다
당신의 안부인가 가슴 설렙니다

바람 불고 비가 오고 꽃이 펴도
모두 당신을 향한 그리움입니다

「그리움」 전문

  이 시의 화자는 바람이 불고, 비가 오고, 꽃이 피는 것 모두 '당신'을 향한 그리움으로 연결한다. 특히 1연에서 '바람이 불어옵니다/창문을 두드립니다/당신인가 귀가 쫑긋 기웁니다'라며 청각적 이미지와 접맥하고, 2연에서 '유리창 위에 흐르는 빗방울을 당신의 눈물'이라고 시각적 이미지와 접맥하여 그리움을 극대화한 점이 돋보인다.
  그리고, 이 시의 결말을 바람 불고, 비가 오고, 꽃이 펴도 그것은 '모두 당신을 향한 그리움'이라고 함축한 부분이 인상적이다.

  ㅁ '모든 사람은 그의 내면에 자기 자신의 이브를 가지고 있다'는 독일 속담이 있다. 서두에서 살펴본 것처럼, 김인녀 시인은 평안남도 덕천에서 태어나 1.4후퇴 때 부모를 따라 월남하여 전북 익산에 정착했다. 열악한 환경에서도 학업에 매진하여 교육자, 공무원, 회사 CEO등 진취적이며 능동적인 지도자의 길을 걸어왔다.
  평소 시창작에 관심을 가져오다가 2017년에 늦깎이 시인으로 등단하여 지금까지 매년 1권씩의 시집을 발간하는 등 왕성한 창작의욕을 보였다. 융 *G.C.Jung*은 이처럼 여성의 내면에 있는 진취적이고, 적극적이고,

역동적인 성향을 아니무스*animus*로 설명했다. 아니무스의 원형은 여성의 정신에 있어서 남성적인 측면으로 삶의 언어, 현실적 존재, 역동성, 낮, 염려, 아침, 계획, 사고, 동물, 엄격한 힘의 보관자, 능동, 지知, 분열, 합리적이고 추상적 사고 등의 양상을 지닌다. 특히 잘 분화된 아니무스*animus*는 여성으로 하여금 진취적인 정신, 용기, 진실성, 그리고 합리적인 성격으로 유도하여 사고력을 발휘한다는 것이다.

김인녀 시인의 이번 시집에서 아니무스*animus*를 대표할 수 있는 작품으로「내 친구」가 있다.

너는 정말 열심히 살았지
삶의 일선에서 전투하듯이
눈빛 속에 말 속에
몸짓이 속살거리네

어려운 일이 닥쳐도
꿋꿋했지 유머로 재치로
진한 농담으로 감정이 굳은
우리를 즐겁게 했지

너는 우리에게 기쁨을 줬지
생활에 속고 사랑에 지치고
이웃에 실망할 때 정으로
재담으로 개그로 웃음꽃을 피웠지

사막과 같은 인생길에
마음을 달래 주고 웃음 주는
너는 사막의 장미
우리의 오아시스다

사랑해

「내 친구」전문

유창근

시인은 친구를 전면前面에 내세워 객관적 시점에서 자기 자신을 조명하고 있다. 「내 친구」의 주체는 친구가 아니라, 화자인 자기 자신이다. 그가 삶의 현장에서 '전투하듯 열심히 살아왔고', '어려운 일이 닥쳐도 꿋꿋할 수 있었던' 것은 그의 잘 분화된 아니무스 animus와 무관하지 않다. 그리고 시의 마지막 연을 '사랑해'라고 단 3글자로 함축한 것은 등가성等價性의 원리를 성공적으로 적용한 경우다.

또 다른 시 「맑은 마음」에서도 잘 분화된 아니무스를 발견할 수 있다. 4연으로 구성된 이 시는 각 연의 화두를 똑같이 '너는 흔들리지 않고 서 있다'로 시작한 점이 주목된다. 같은 말을 여러 차례 반복하는 것은 그 의미를 강조하기 위한 것으로, 화자가 전달하고자 하는 메시지가 강하게 담겨있다. 그리고 나서 '주식거래', '가상화폐', '천만 송이 꽃봉오리' 등 세상적인 유혹들을 나열하면서 결코, 그런 유혹에 넘어가지 않겠다고 굳은 의지를 표명하고 있다.

결론적으로, 김인녀 시인의 이번 시집에서 아니무스 animus 성향의 작품이 자주 발견되는데, 그가 지금까지 살아오는 동안 내면에 형성된 건강한 아니무스로 분석된다. 이른바 잘 분화된 아니무스animus는 진취적인 정신, 용기, 진실성, 그리고 합리적인 성격으로 유도하여 사고력을 발휘한다.

김인녀 시인의 일곱 번째 시집 『인연의 열매』 출간을 진심으로 축하하며, 앞으로 더욱 정진하시길 바란다.

창작동네 시인선 186

인연의 열매

초판인쇄 | 2024년 10월 10일
지 은 이 | 김인녀
편 집 장 | 정설연
펴 낸 이 | 윤기영
펴 낸 곳 | 도서출판 노트북 **등록** | 제305-2012-000048호
주   소 | 서울시 동대문구 사가정로 256-4 나동 101호
전   화 | 070-8887-8233 **팩스** | 02-844-5756
H   P | 010-8263-8233
이 메 일 | hdpoem55@hanmail.net
판   형 | 신한국판형 130-210/ P128

ISBN 979-11-88856-87-9-03810
정 가 10,000원

2024년 10월_인연의 열매_김인녀 제7시집

한국시 현대시

*잘못된 책은 교환해 드립니다.
*저자와의 협의로 인지는 생략합니다.